CW01665817

Öykümde Gizlidir

Meraklı Kelebek Fırfır

Genel Yayın Yönetmeni: Gökhan ALPSOY
Yazar: Özlem AYTEK
Editör: Hakan ALPSOY
Ressam: Hatice Tekmile DOĞAN
Dizgi-Grafik Tasarım: Öykü Yayıncılık
Baskı: Başak Matbaacılık, Ankara

MİLLİ EĞİTİM BAKANLIĞI
Talim ve Terbiye Kurulu Başkanlığı'nın 2434 Sayılı Tebliğler Dergisi Kitap Yazma Yönetmeliği'ne uygun olarak hazırlanmıştır.

Bandrol uygulamasına ilişkin usul ve esaslar hakkındaki Yönetmeliğin 5. maddesinin ikinci fıkrası çerçevesinde bandrol taşıması zorunlu değildir.

ÖYKÜ yayıncılık

Meraklı Kelebek Fırfır

Minik Koza, günlerdir ağacın dalında sallanıyordu. Kıpırtısız ve sessiz... Öylesine sallanıyordu.

Bu sabah kozanın içinde kıpırdanmalar oldu. Sonra boydan boya çatladı. Belli ki dışarı çıkmak için sabırsızlanıyordu.

Koza, içindeki bu güçlü kımıltıya fazla dayanamadı. Çatladığı yerden ikiye ayrılıp açılıverdi. Bu sırada kozanın açılışını izleyen orman halkı meraktan nefeslerini tuttular. Her koza açılışında şaşırmaktan kendilerini alamazlardı. Bu işin gizemini bir türlü çözememişlerdi. Günler önce kozayı ören tombul tırtılı anımsadılar. Tırtıl günlerce çalışmış, kozasını örmüştü.

Ördüğü koza tamamlanınca, tırtıl kozanın içinde derin bir uykuya dalmıştı. Bu orman halkı için bildik bir durumdu. Ne zaman bir koza açılsa dışarı çıkacak olanın tırtıl olması beklenirdi.

Ama her seferinde kozadan güzeller güzeli bir kelebek çıkardı.

Fare heyecanla bakarken konuşmaya başladı:

— Bence bu kez tırtıl çıkacak, dedi. Hem de daha da şişman bir durumda...

Sincap her zaman ki gibi kıpır kıpır hareketliydi.

— Katılıyorum, dedi. Ne de olsa haftalardır uyuyor.

Leylek ağır ağır hareket ederek lak lak diyerek konuştu:

—Tembel, diyerek gagasını kıvırdı.

Şimdiyse kozadan iri, mavi kanatlı

bir kelebek çıkmıştı.

Şimdiye kadar gördükleri kelebeklerin en güzeli bu.

Orman halkı:

— Aaaaa!!!

— Hiiiiii!!!

— Ahhhh, gibi hayranlık belirten heceleri fısıldadılar.

Maymun hoplaya zıplaya konuştu:

— Anlaşılan bu kozalar sihirli, dedi. Bir düşünün! Ben yuvama girerken bir maymunum. Yuvamdan çıkarken de bir maymunum...

Şımarık maymun ilk kez ciddi konuşmuştu. Bu orman halkı arasında büyük şaşkınlığı neden olmuştu.

Ayı ise düşünceliydi:

— Evet, dedi. Biz ayılarda kış uykusuna yatarız. Bir kış boyunca yuvamızda kapalı kalırız. Ama bahar geldiğinde yuvamızdan yine birer ayı olarak çıkarız, dedi.

Mavi kelebek, güzel kanatlarını

çırpmaya başladı. Uçmak için hazırlık yapıyordu besbelli. Güzelliği tüm hayvanları yeniden etkiledi. Sustular. Büyük bir dikkatle kelebeği izlemeye başladılar. Kelebek utangaçtı. Masmavi kanatları, kırmızı çerçeveli beyaz benekleri vardı. İri, kara gözleriyle bir sağa bir sola bakıyordu.

Orman halkının ilgi dolu bakışlarından birazcık utanmıştı. Tam bu sırada başka bir kelebeğin kanat sesleri işitildi. Gelen, mavi kelebek kadar iri, kırmızı bir kelebekti. Kırmızı kanatları, kocamandı.

İki kelebeğin aynı türden olduğu

açıkça görülüyordu. Bunlar gerçektende az görülür türden çok iri kelebeklerdi. Kırmızı kelebek, mavi kelebeğin bulunduğu dala kondu.

Söze ilk başlayan kırmızı kelebek oldu:

— Merhaba, dedi. Benim adım Pırpır.

Mavi kelebek utangaç sesiyle:

— Benim adım da Fırfır, dedi. Tanıştığımıza sevindim.

Pırpır biraz kibirliydi. Fırfırı biraz süzdükten sonra:

— Renklerim ne kadar güzel, görüyorsun değil mi? Ben kelebeklerin en güzeliyim, dedi.

Fırfır alçak gönüllüydü.

— Evet, Pırpır renklerin çok güzel, dedi.

Pırpır kibirli konuşmaya devam etti.

— Benim kadar güzel bir kelebekle tanıştığın için çok şanslısın. Keşke sen de bu kadar güzel olsaydın.

Fırfır bu sözler karşısında biraz üzüldü. Fakat bu belli etmemeye çalıştı. Pırpır ise kibirli konuşmaya devam ediyordu.

— Kozamdan çıktığım için doğum günü partisi yapacağım. Benim gibi dünyalar güzeli bir kelebeğin de büyük bir doğum günü partisi düzenlemesi gerekiyor. Seni de çağırmak isterdim ama sen yeteri kadar güzel değilsin, dedi.

Pırpır, belki Fırfırı kıskanıyordu. Onun bu sözlerine Fırfır daha fazla dayanamayıp hızla oradan uzaklaştı. Öyle bir uçtu ki sanki kelebek değil de koca bir kuştu. Çevredeki hayvanlarda Pırpır'ın kibirli sözlerini duyunca kırgın ve suçlayıcı bakışlarla Pırpır'a baktılar.

Pırpır orman halkının bakışları karşısında yüzünü sakladı. Pırpır o kadar kibirliydi ki Fırfır'ın bir an uçup gitmesinin sebebini anlayamamıştı. Orman halkından bir kaçı Pırpır'a:

— Sen ne kadar da kibirli bir kelebeksin. Fırfır da en az senin kadar güzeldi. Onun kalbini kırdığın için hızla uçup gitti. Gidip onu bul ve özür dile. Yoksa bir daha yanımıza gelme. Kimse senin doğum günü partine gelmez, dediler.

Pırpır bu sözler karşısında sanki dili tutulmuşçasına suskun kaldı. Kimse doğum gününe gelmeyecekti. Yaptığı hatanın farkındaydı. Ama Fırfır uçup gitmişti. Ondan nasıl özür dileyeceğini düşünüp ağlamaya başladı. Öyle ağlıyordu ki gözlerinden sanki sular fışkırıyordu.

Hayvanlar Pırpır'ın pişman olduğunun farkındaydılar. Onu teselli etmek isteseler de bir türlü başaramadılar. Sincap:

— Pırpır uyu, dinlen sonra git Fırfır'ı bul ve özür dile, dedi. Ardından güzel bir doğum günü partisi yap.

Herkes gelsin, dedi.

Pırpır ise bir süre daha ağlamaya devam etti.

Pırpır bunları yaşarken Fırfır da Pırpırın söylediği kötü sözlerin etkisinden kurtulmuştu. Ormanda keyifle kanat çırpıyordu. Kendisine güzel huylu arkadaşlar arıyordu. Hava kararıncaya kadar uçtu. Bir süre sonra hava karardı. Bu Fırfırın ilk gecesiydi. Biraz endişelenmişti. Bir dalın üstüne konduğu sırada uzaktaki parıltılar gözüne çarptı. Fırfır, meraklanıp parıltılara doğru uçmaya başladı.

Narin kanatlarıyla parıltılara iyice yaklaştı.

Parıltıların sahibi olanlar ise bir an endişeye kapıldılar. Gelenin onlara zarar vereceğini düşündüler. Fakat kaçacak zamanları da yoktu. Fırfır onlara yaklaşınca onun zararlı biri olmadığını fark ettiler. Fırfır iyicene yaklaşıp:

— Merhaba, dedi. Burada ne yapıyorsunuz?

Periler gelenin bir kelebek olduğunu anlayarak rahatladılar.

Perilerden biri cevap verdi.

— Mumışığı'nın doğum gününü kutlayacağız, Onun hazırlığını yapıyoruz, dedi.

Fırfır:

— Doğum günü mü? Ben hiç doğum günü görmedim. Ben de katılabilir miyim? Dedi.

Periler, doğum günlerine peri olmayanları davet etmezlermiş. Ayışığı, Fırfır'a isteksizce cevap verdi:

— Katılamazsın, dedi. Çünkü davetli değilsin, dedi.

Fırfır üzülerek ağlamaya başladı:

— Ah, ne kötü! Oysa ne çok isterdim bir perinin doğum gününü görmeyi. Bu benim dünyadaki ilk günüm. Kozamdan bugün çıktım.

Fırfır içli içli ağlıyordu. Onun bu ağlayışı Mumışığı'nı çok etkilemişti.

Mumışığı:

— Al sana davetiye, dedi ve Fırfır'ın üstüne peri tozu serpti.

Şimdi Fırfır'ın iri kanatları peri tozunun etkisiyle ışıl ışıl ışıldıyordu.

Işık perileri oldukça kıskançtı. Hiç bu kadar iri ve güzel kanatlar görmemişlerdi. Kendi kanatları gözlerine oldukça küçük görünür oldu. Aslında periler kıskanç olsalar da hepsi de iyi yürekliydiler.

Ayışığı:

— Bu bir davetiye sayılmaz. Doğum gününe katılamazsın.

Fırfır:

— Peki ne yapmam gerekiyor?

Ayışığı:

— Ateş böceği ağacına kadar gidip davetiye alman gerekiyor.

Fırfır şaşırmıştı. Mumışığı atıldı:

— Ne fark eder Ayışığı oraya da gitse aynı davetiyeyi alacak, dedi.

Cevabı Günışığı verdi:

— Ayışığı haklı. Bizim doğum günü davetiyelerimiz oradan alınır. Herkes gibi Fırfır da gidip davetiyesini alsın.

Fırfır üzüntülü bir halde Ayışığı'nın gösterdiği ağaca doğru baktı. Ateşböcekleri ağacın etrafını çevrelemişlerdi. Işıkları perilerinki kadar parlak değilse de ormanda güzel bir görüntü oluşturuyordu.

Fırfır, ışıl ışıl parlayarak ateş böceği ağacına doğru uçuyordu. Mumışığı da Fırfırı izliyordu. Fırfır daha birkaç kanat çırpmıştı ki Mumışığı ona seslendi:

— Çok güzelsin adın nedir? dedi.

— Fırfır, dedi mavi kelebek.

İkisi çok geçmeden ateş böceği ağacına vardılar. En iri ateş böceği onları karşıladı.

— Hoş geldiniz, size nasıl yardım edebilirim? dedi.

Fırfır:

— Ben Mumışığı'nın doğum günü için bir davetiye istiyorum, dedi.

Ateş böceği:

— Ne yazık ki peri olmayanlara bu davetiyeyi veremem, dedi.

Mumışığı hemen atılıp:

— O zaman ben vereyim bir sakıncası var mı? Dedi.

Ateş böceği düşünmeye başladı:

— Hımm daha önce hiç böyle bir şey başıma gelmemişti. En iyisi mi yargıç ateş böceğine soralım, dedi.

Durum gittikçe daha karmaşık bir hal alıyordu. Tam bu sırada yargıç ateş böceği çıkageldi. Diğerlerine göre oldukça yaşlıydı. Kendisine bir bilgi verilmeden hemen söze girdi:

— Mumışığı davetiye verebilir. Çünkü bu onun doğum günü, kimseden izin almasına gerek yok, dedi.

İri ateş böceği:

— Mahkeme bitti, dedi. Gidebilirsiniz.

Fırfır çok şaşırmıştı. Mahkemenin başlayışı ve bitişi çok tuhaftı.

Ateş böcekleriyle ilgili her şey zaten çok tuhaftı. İri ateş böceği, Fırfır'ın kanadına bir tutam peri tozu döktü. Fırfır ikinci kez peri dozu dökülen kanatlarıyla parıl parıl parlıyordu. Çevresini aydınlatacak kadar ışık saçıyordu.

Fırfır sevinçle geri döndü. Bir an önce doğum gününe gitmek istiyordu. Tam bu sırada bir ağlama sesi duydu. Bu sesi tanımıştı. Bu doğar doğmaz tanıştığı ve kötü sözlerini işittiği Pırpır'dı.

Mumışığı da sesi işitmişti. Fırfır'a:

— Zavallıcık, dedi. Sabahtan beridir ağlıyor.

— Neden, diye sordu Fırfır.

— Gidip soralım , dedi Mumışığı.

Fırfır ve Mumışığı sesin geldiği yöne doğru uçmaya başladılar. Giderek doğum günü ağacından uzaklaşıyorlardı. Pırpır'ın yaşadığı ağacın çevresindeki hayvanlar oldukça kızgınlardı. Pırpırın yüksek sesle ağlayışından dolayı uyuyamıyorlardı. Başlarını yuvalarından çıkarmış Pırpırı izliyorlardı.

Hayvanlar için yapacak bir şey kalmamıştı. Çünkü saatlerce Pırpır'ı ikna etmeye çalışmışlardı. Fakat başarılı olamamışlardı. Uykusuz ve sinirli

olan bu hayvanlar Fırfır'ın ve Mumışığı'nın gelişinden önce korktular.

Fırfır bir ateş böceği olmak için çok büyük görünüyordu. Bu kadar iri ışık perisi olamazdı. Korku içinde başlarını yuvalarından içeri soktular.

Yaklaştıkça, gelenin Fırfır olduğunu anlayarak rahatladılar. Ne tuhaf, ne hoş bir kelebekti şu Fırfır... Sürprizlerle doluydu.

Fırfır yaklaştıkça, Pırpır'ın sesini daha korkunç bir şekilde işitiyordu. Pırpır, gelenin Fırfır olduğunu anlayınca hemen sustu. Tüm hayvanlar sevinç içinde yuvalarına çekildiler.

Fırfır, Pırpır'a kızgın olsa da onun ağlamasından etkilenmişti. Onun için en içten sessiyle:

— Merhaba Pırpır, dedi. Niçin ağlıyorsun?

Pırpır ona söylediği sözlerden dolayı biraz utanmıştı. Fırfır'ın yüzüne bakmaya çekiniyordu.

— Şey şey, dedi üst üste.

Fırfır bir daha sordu Pırpır'a:

— Şey şey de nedir Pırpır? Ağlamanın bir sebebi olmalı, dedi.

Pırpır çekinerek konuşmaya başladı:

— Doğum günüme kimse gelmeyecekmiş. Bense yapacağım hazırlıkları bile çok düşünmüştüm. Ona ağlıyordum, dedi.

Fırfır, Pırpır'ın kendisinden özür dilememesinden dolayı yüzünü astı. Bir an konuşmadı. Pırpırın kötü sözlerinden haberi olmayan Mumışığı söze girdi:

— Neden gelmesinler ki? Doğum günleri hep güzel geçer. Pasta vardır. Bu bile gelmek için yeterlidir. Sonra şarkılar söylenir yemek yenir dans edilir...

Pırpır, Mumışığı'ndan utandığı için hayvanların doğum gününe neden gelmediğinin cevabını veremedi. Sus-pus kaldı. Yüzü kızardı. Fırfır ise onun sadece özür dilemesini bekliyordu. Bu sırada Pırpır yeniden ağlamaya başladı.

Güçlükle uykuya dalmış olan hayvanlardan birkaçı uyanıp homurdanmaya başladılar.

Mumışığı aceleyle:

— Dur ağlama belli ki bir hatan olmuş. Bunu söylemek istemiyorsun. Kendini iyi hissettiğinde söylersin. Hatanı düzelttiğinde doğum gününe geleceklerdir buna emin ol, dedi.

Pırpır bir anda sustu. Fırfır alçak gönüllü olduğundan Pırpıra:

— Biz Mumışığı'nın doğum gününe gidiyoruz. Hazırlıklar yapılmıştır. Sen de gelsene bizimle, dedi.

Pırpır, Fırfır, ve Mumışığı yola çıktılar. Yolda Fırfır:

— Gidip Pırpır için de bir davetiye alalım, dedi.

Hep birlikte yeniden ateş böceği ağacına gittiler.

İri ateş böceği, gelenleri görünce:

— Kimsiniz, dedi. Ne istiyorsunuz gecenin bu saatinde?

Fırfır ve Mumışığı şaşırdılar.

Henüz birkaç dakika önce görüşmüşlerdi. Bu kadar kısa sürede kendilerini unutmuş olamazlardı.

Mumışığı:

— Birkaç dakika önce bize bir davetiye vermiştiniz. Şimdi bir davetiye daha istiyoruz, dedi neşeli sesiyle.

İri ateş böceği gülen gözleriyle bakan misafirine:

— O halde işte davetiyen, diyerek Pırpır'ın kanadına peri tozu serpiştirdi.

Pırpır, Fırfır ve Mumışığı tuhaflıklarla dolu olan bu yerden ayrıldılar. Peri Mumışığı'nın doğum günü partisi başlamak üzereydi. Doğum günü partisi çok kalabalık olacaktı. Doğum günü alanı, ağacın gövdesinin altında, kırmızı mantarların arasındaydı.

Pırpır ve Fırfır pırıl pırıl parlayan kanatlarıyla gecenin en görkemli konukları olmuşlardı.

Ayışığı ve birkaç peri doğum günü pastasını getirdiler. Pasta ışıl ışıldı. Herkes Mumışığı'nın bir an önce

pastayı kesmesini istiyordu. Mumışığı heyecanla pastaya yönelip, pastayı kesti.

Bu sırada da Pırpır kendi doğum gününü hayal ediyordu. İçinden "Fırfır'dan ilk fırsatta özür dilemeliyim. Çok hatalıydım. Hayvanların hepsi haklılardı bana tepki göstermekte." diye düşünüyordu.

Periler ışıklarını yakıp söndürdüler. Bir an da etrafta ışık oyunları oldu. Kesilen pastayı Fırfır'la birlikte yediler.

Ardından periler korosu birbirinden neşeli şarkılar söylediler.

Şarkılar söylenirken periler dans etmeye başladılar.

Fırfır da kendini tutamayıp o parlak kanatlarıyla dans etti. Tabii Pırpır da çekingenliğini atmıştı. O da dans edenlerin arasına karıştı. Işık perileri onlarında dansa katılmalarından dolayı çok mutlu olmuşlardı.

Mumışığı'nın doğum günü partisi gece boyunca sürdü.

Partinin bitmesiyle Fırfır ve Pırpır bir ağacın dalında uyuyarak dinlendiler.

Ardından güneşin doğmasıyla Pırpır ile Fırfır hayvanların yanına gittiler. Kelebekler kraliçesi Kel kraliçe oradaydı. Pırpır herkesin bakışları arasında Fırfır'a:

— Söylediğim kötü sözlerden dolayı çok pişmanım. Sen den özür dilerim. Kibirli davrandım. Sen çok ama çok güzel bir kelebeksin, dedi.

— Sen hatanı anlayıp özür diledikten sonra bana da affetmek düşer. Haydi doğum günümüzü birlikte kutlayalım. Nasıl olsa aynı anda dünyaya geldik, dedi. Fırfır parlayan kanatlarıyla uçup havada bir tur attı.

Kel kraliçe:

— Doğum günü partisi için

hazırlıklara başlayalım, dedi.

Bütün hayvanlar her şeyin yoluna girdiğini görünce çok sevindiler. Ardından Pırpır ve Fırfır'ın doğum günü partisi için hazırlıklar yapıldı. Kısa sürede pasta ve tatlılar hazırlandı. Bu onların ilk doğum günüydü.

Kötü başlayan arkadaşlıkları neşeli bir doğum günü partisiyle, sevgiyle devam etti.

Hikâye Haritası

Hikâyenin kahramanları

Fırfır

Olay nerede geçiyor?

Orman

Hikâyede geçen yardımcı karakterler hangileridir?

Pırpır, Günışığı

Olayın geçtiği zamanı yazınız.

Hikâyenin anafikri nedir?

Meraklı ~~kelebek~~ Fırfır

Şifre Çözmece

47 ve 48. sayfadaki bulmacaları yandaki tabloya göre tamamlayınız. Şifrelenmiş kelimeleri bularak noktalı yerlere yazınız.

	○	□	▲	▼	●
1	A	B	C	Ç	D
2	E	F	G	Ğ	H
3	I	İ	J	K	L
4	M	N	O	Ö	P
5	R	S	Ş	T	U
6	Ü	V	Y	Z	

1□ - 2○ - 1□ - 2○ - 3▼

BEBEK

4▲ - 3▼ - 5● - 3●

5□ - 2○ - 6□ - 2▲ - 3□

3▼ - 1○ - 3● - 2○ - 4○

3▼ - 2○ - 3● - 2○ - 1□ - 2○ - 3▼

5□ - 1○ - 3● - 3○ - 4□ - 1▲ - 1○ - 3▼

5▼ - 3○ - 5○ - 5▼ - 3○ - 3●

2▲ - 1○ - 3● - 1○ - 3▼ - 5□ - 3□

2▲ - 2○ - 3● - 3□ - 4□ - 3● - 3□ - 3▼